POR QUÉ CELEBRAMOS
EL DÍA DE LOS MUERTOS

POR QUÉ CELEBRAMOS

El Día de los Muertos

Todo lo que debes saber sobre tu celebración favorita

MELANIE STUART-CAMPBELL
Ilustraciones de **JAVIERA MAC-LEAN**

callisto publishing
an imprint of Sourcebooks

Copyright © 2021, 2025 de Callisto Publishing LLC
Portada y diseño interno © 2025 de Callisto Publishing LLC
Ilustraciones © Javiera Mac-lean con excepción de:
© I_Mak/Shutterstock: portada (banner)
Diseño de la serie: Elizabeth Zuhl
Dirección de arte: Jane Archer y Lisa Schreiber
Producción de arte: Sara Feinstein
Edición: Alyson Penn
Diseño de producción: Martin Worthington
Edición de producción: Rachel Taenzler
Dirección de producción: Holly Haydash

Callisto Kids y el colofón son marcas registradas de Callisto Publishing LLC.

Todos los derechos reservados. Queda prohibida la reproducción total o parcial de este libro, en cualquier forma o por cualquier medio electrónico o mecánico, incluidos los sistemas de almacenamiento y recuperación de información -excepto en el caso de citas breves incluidas en artículos críticos o reseñas- sin el permiso por escrito de su editor, Sourcebooks LLC.

Publicado originalmente con el título *Celebrating Día de los Muertos: History, Traditions, and Activities – A Holiday Book for Kids* en 2021 en Estados Unidos por Callisto Kids, un sello de Callisto Publishing LLC.

Publicado por Callisto Publishing LLC C/O Sourcebooks LLC
P.O. Box 4410, Naperville, Illinois 60567-4410
(630) 961-3900
callistopublishing.com

Este producto cumple todas las normas aplicables de la CPSC y la CPSIA.

Fuente de producción: Versa Press
Fecha de producción: Abril de 2025
Número de partida: 5049923

Impreso y encuadernado en Estados Unidos.
VP 10 9 8 7 6 5 4 3 2 1

Dedicado a aquellos espíritus, vivos o no, que nos guían en nuestro camino, en especial a mi madre, a mis abuelos y a Alba, la perra callejera sudamericana.

CONTENIDO

¿Qué es el Día de los Muertos?
1

Historia y folclore
3

Preparación
7

Cómo se celebra
14

Alrededor del mundo
19

El rincón de la cultura
24

¡Aprende a decirlo!
35

Glosario
36

Recursos
39

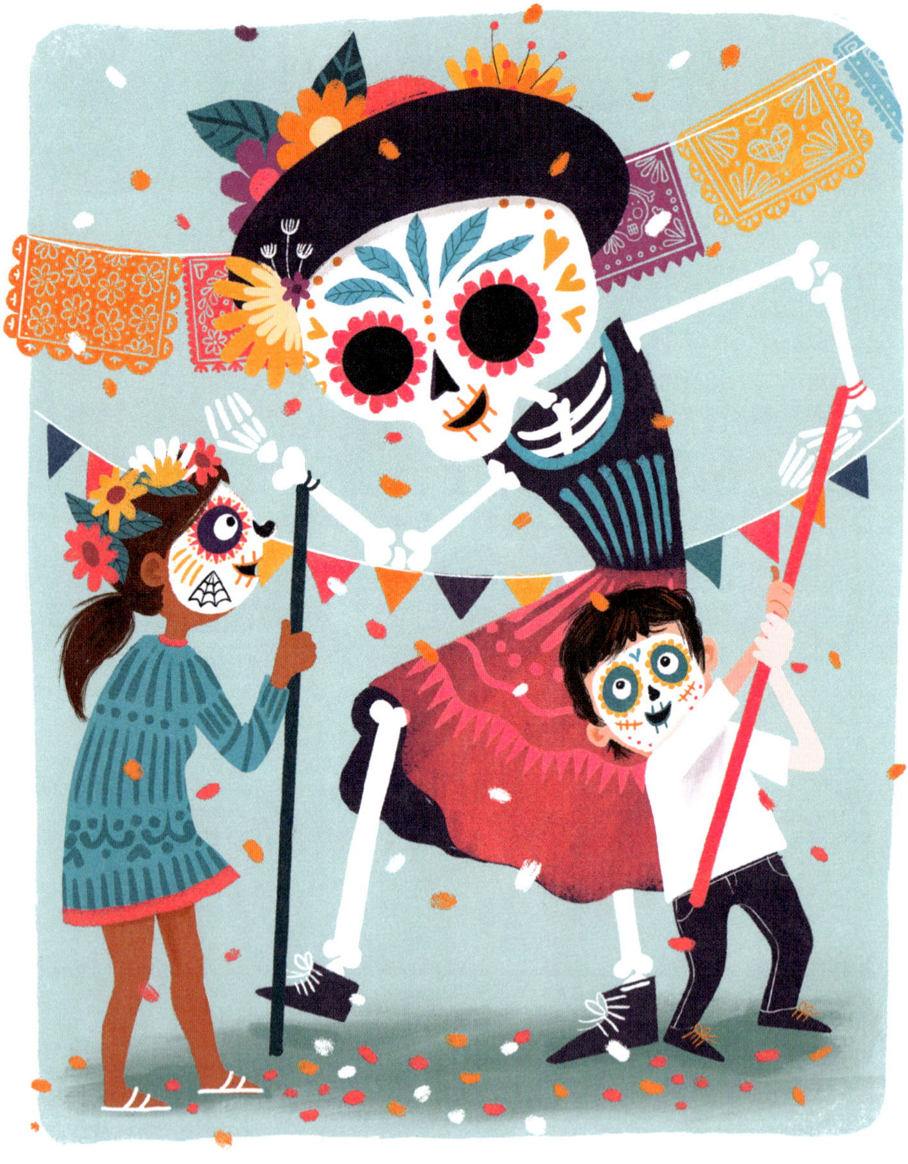

¿QUÉ ES EL DÍA DE LOS MUERTOS?

El **Día de los Muertos** es una festividad que comenzó en México, pero que se celebra en varios lugares del mundo. Las personas que celebran el Día de los Muertos creen que las almas de sus seres queridos que han fallecido volverán a visitarlos. Es un momento feliz en el que se cree que la familia y los amigos, vivos y en espíritu, se reúnen y disfrutan juntos de la música, los regalos y la comida.

Cada año, la **festividad** dura dos días, el 1 y 2 de noviembre, y está llena de color y alegría. Las personas participan en desfiles y fiestas, se disfrazan de esqueletos, cantan, bailan y les hacen regalos a los espíritus de sus seres queridos. Es una hermosa manera que tienen las familias de mantener vivo el recuerdo de sus seres queridos.

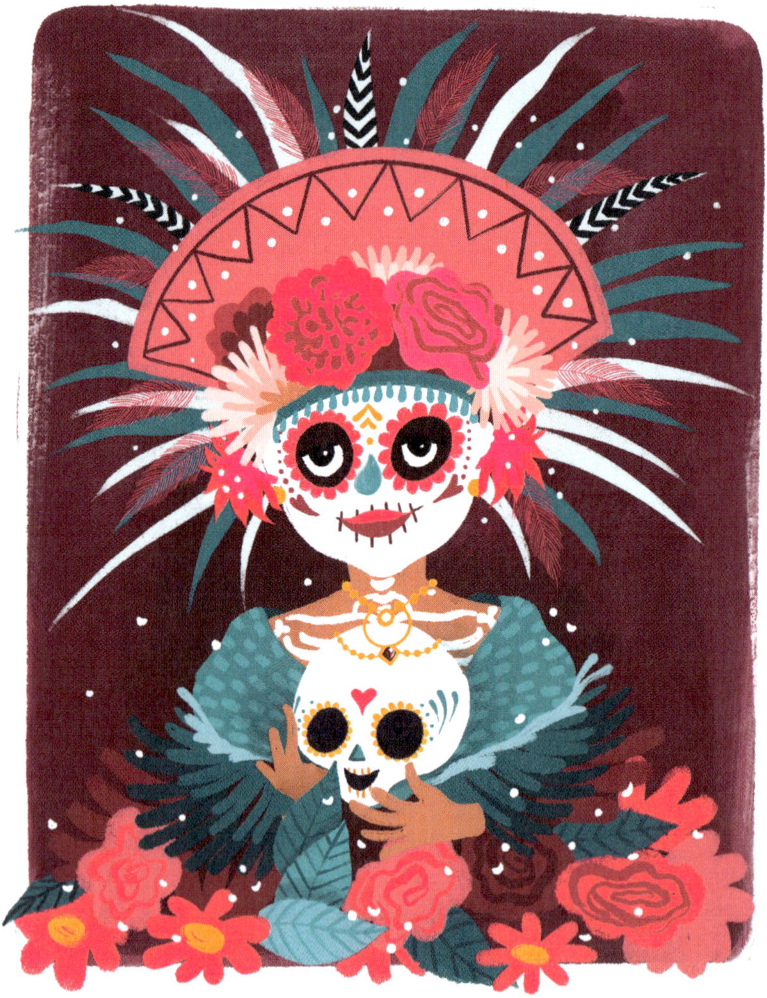

HISTORIA Y FOLCLORE

La tradición del Día de los Muertos se remonta a casi 3000 años! Algunos **ancestros**, o antepasados, del pueblo mexicano fueron los aztecas. Los aztecas creían en la existencia de varios dioses, incluidos los dioses de los muertos. Llamaban al dios de los muertos Mictlantecuhtli (que se pronuncia mict-lan-te-cut-li), y lo representaban como un esqueleto sonriente. Su esposa era Mictecacíhuatl (que se pronuncia mik-teka-si-uat), Diosa de la Muerte. Para el pueblo azteca la muerte era un suceso alegre porque creían que, al morir, los espíritus de las personas se liberaban del cuerpo para ir al **paraíso**.

Cada verano, los aztecas celebraban la muerte con un festival. Utilizaban como **símbolos** calaveras y esqueletos para celebrar su creencia de que el alma de una persona sigue viva, incluso después de la muerte de su cuerpo. Con el tiempo, el festival de verano pasó a celebrarse en noviembre. En la actualidad, lo conocemos como el Día de los Muertos. Verás muchas calaveras y esqueletos como parte de las celebraciones.

UNA CELEBRACIÓN DE CULTURAS

Hace unos 500 años, los españoles **colonizaron** México y lo convirtieron en parte de su país. Los españoles eran católicos. Creían en la existencia de un dios único y en las enseñanzas de Jesucristo. Esto era muy distinto de los aztecas, quienes creían en muchos dioses.

En España, los católicos celebraban el **Día de Todos los Santos** y de los **Fieles Difuntos** el 1 y 2 de noviembre. Estas celebraciones también recordaban a aquellas personas que habían fallecido. Con el tiempo, las creencias aztecas y católicas comenzaron a mezclarse. Algunos símbolos y ritos del Día de los

Muertos proceden de las creencias cristianas, como las cruces y las imágenes de **santos**. La **calavera** y el esqueleto, también llamado **calaca**, son símbolos provenientes de los aztecas.

El Día de los Muertos es un momento de gran orgullo en el que los mexicanos recuerdan a sus seres queridos y la historia de su hermoso país.

CUANDO SE REÚNEN LAS ALMAS

Durante los dos días de celebraciones del Día de los Muertos, las familias se reúnen, tanto en casa como en el cementerio, para compartir comida y bebida entre ellos y con las almas de sus seres queridos. Los familiares rezan o se sientan en silencio junto a las tumbas. Algunos prefieren tocar la guitarra o escuchar

El gran festival de los aztecas para recordar a sus seres queridos fallecidos duraba unos 20 días, y se celebraba a finales de julio y principios de agosto.

música y contar historias divertidas para recordar a sus muertos. A veces se lanzan fuegos artificiales para iluminar el camino "a casa" de los espíritus. También es habitual leer la Biblia o ir a **misa**, que es un servicio religioso en la iglesia. Más que nada, la gente siente como si los mundos de los vivos y de los muertos se unieran en una celebración. Celebran el amor que se tienen para siempre.

PREPARACIÓN

Las familias dedican mucho tiempo a la preparación del Día de los Muertos. Eligen un lugar especial en sus casas para recibir las almas de sus seres queridos. Además, les preparan su comida y bebida preferidas.

Los hogares y las calles se decoran con guirnaldas y banderines coloridos, que están hechos de papel de seda con diseños calados.

OFRENDAS

Las **ofrendas** y los **altares** son una parte importante de la festividad del Día de los Muertos. Sin embargo, a diferencia de la mayoría de los altares, estos se usan para recordar, no para adorar. Las ofrendas, que se ponen en los hogares y cementerios, son una puerta de entrada paa que los espíritus se reúnan con sus seres queridos.

Las ofrendas no solo se colocan en los hogares y en los cementerios, sino también en escuelas, oficinas y otros espacios públicos.

8

Las ofrendas son coloridas y acogedoras. Suelen colocarse sobre una superficie elevada e, incluso, pueden tener distintos niveles. Cada ofrenda nos cuenta algo de la persona amada fallecida. Se colocan fotos, velas, comida y coloridas flores de cempasúchil. Se cree que el aroma y el color dorado de estas flores ayudan a guiar al espíritu a casa (a veces las flores se hacen de papel). Además, cerca del altar debe colocarse una especie de **incienso** llamado *copal*, cuyo aroma dulce también ayudará a los espíritus a encontrar el camino a casa. Incluso, podrás ver una alfombra de bienvenida colocada frente al altar. El **papel picado**, guirnaldas y banderines se utilizan para decorar la *ofrenda*. Finalmente, las ofrendas se retiran durante la noche del 2 de noviembre.

> En las ofrendas también pueden recordarse a las mascotas. En el altar la gente coloca fotos de sus perros o gatos y sus golosinas favoritas.

CÓMO HACER UNA OFRENDA

Ofrenda significa "ofrecer". No hay reglas establecidas para lo que debe incluirse en una ofrenda. Simplemente, la ofrenda debe dar la bienvenida a la persona amada y puede incluir lo siguiente:

- **Fotos** para recordar cómo era la persona en vida.
- **Comida y bebida** para llenar al espíritu hambriento y sediento que ha viajado para ver a su familia.
- Un **cuenco con agua, un jabón, una toalla y un espejo** para ayudar al espíritu a asearse después de su viaje.
- **Objetos personales**, como un juguete favorito, una muñeca, una joya o un instrumento para complacer al espíritu y ayudarle a encontrar el camino de regreso a casa.
- **Calaveras de azúcar** (ver página 30) para representar a la persona que ha fallecido y que recibe las ofrendas.
- **Símbolos religiosos** que resalten la festividad si la familia es católica.

¡UNA FIESTA DELICIOSA!

La comida y la bebida son una parte importante de muchas celebraciones, y para el Día de los Muertos no es diferente. Durante estas fiestas, no solo se preparan bebidas y comidas deliciosas, sino que también se colocan algunos manjares en las ofrendas.

Seguro estás pensando que los *espíritus no comen ni beben*, pero algunas personas creen que las almas pueden saborear las golosinas durante estos días.

Estos son algunos ejemplos de las delicias que se preparan en el Día de los Muertos:

- » Chocolate caliente o **atole**, una bebida a base de maíz cocido.
- » **Pan de muerto**, típico del Día de los Muertos. Es un pan dulce, suave y en forma de bollo y dibujos de huesos en la parte superior.
- » **Tamales**, paquetes de masa de maíz molido, rellenos de carne, queso y especias, y envueltos en hojas de maíz.
- » **Calaveritas de azúcar**, pequeñas calaveras dulces que se ofrecen a las almas de los niños.

Las calaveritas de azúcar están hechas de azúcar, pero no se comen. Muchas están hechas con láminas de colores, plumas y cuentas, que no son **comestibles.**

UN CEMENTERIO FESTIVO

Se cree que la tumba es el primer lugar que visitan los espíritus cada año.

Para prepararse para este importante evento, las familias pasan tiempo limpiando y decorando las sepulturas. Quitan las malas hierbas y se aseguran de que el césped esté cortado. Si hay basura, la retiran. Además, lavan la lápida para que quede perfectamente limpia.

Muchas personas también colocan una **corona** de flores sobre la tumba. Las *coronas* pueden hacerse de flores reales, de flores de papel de seda o de ambas. Algunas familias duermen junto a la tumba limpia y decorada durante una o dos noches, ¡es como una pijamada!

CÓMO SE CELEBRA

El Día de los Muertos es una celebración de la vida y la muerte. Algunos pueden confundirla con *Halloween* porque se celebra por las mismas fechas, pero son fiestas muy diferentes. Durante el Día de los Muertos, la gente se reúne para celebrar y recordar a sus familiares y amigos fallecidos. Cuentan historias y honran la memoria de sus seres queridos con alegría. No da miedo ni es triste en absoluto. Es divertido y colorido. Todos se divierten.

EL DÍA DE LOS NIÑOS

El 1 de noviembre por la mañana suenan las campanas de la iglesia como señal de que todos los espíritus y los vivos deben ir al cementerio. Este día es para recordar y celebrar las almas de los niños, los pequeños **angelitos** que han fallecido. Las familias pueden colocar en la ofrenda un desayuno, chocolate, flores o globos para los jóvenes espíritus. También pueden colocar una calavera de azúcar con el nombre del niño cerca de la tumba.

Alrededor del mediodía, se cree que los espíritus de los niños parten hasta el año siguiente. Luego, las familias estarán listas para recibir a los espíritus de los adultos. Es común que la gente se disfrace de esqueleto para celebrar la vida y la muerte. Uno de los disfraces más populares es el de una mujer esqueleto con un gran sombrero. Los festejos duran hasta el final del día 2 de noviembre.

CONTAR HISTORIAS

El Día de los Muertos es un momento feliz para que los familiares compartan historias y recuerdos sobre los seres queridos que han fallecido. Al hablar sobre sus antepasados, los amigos y parientes se mantienen "vivos" en su memoria, lo que refuerza los lazos familiares. Al escuchar historias, año tras año, sobre un bisabuelo, una tía o un primo que murió antes de que tú nacieras, sientes como si los conocieras.

Las historias que se cuentan son, en su mayoría, divertidas. Ya que se trata de una celebración, la conversación gira en torno a cosas buenas. También puedes oír hablar de los talentos especiales de los antepasados fallecidos, como que tu tío era un gran cantante o que tu abuela era una cocinera fantástica. Como estas historias se transmiten de **generación** en generación, los seres queridos se recuerdan para siempre.

> En algunos lugares, la gente llama al 1 de noviembre *Día de los Inocentes* porque recuerdan y celebran los espíritus de los niños.

DESFILES

Durante el Día de los Muertos, verás muchos disfraces de esqueletos y rostros pintados como calaveras en los desfiles. La calavera más popular es La Catrina. La Catrina apareció por primera vez como un esqueleto de dibujos animados en un periódico mexicano en 1913. Viste ropas bonitas y un sombrero elegante. Cuando las personas se visten como La Catrina, nos recuerdan que la muerte le ocurre a todo el mundo, no importa cuánto dinero tengas o de dónde seas.

¿Qué más puedes ver en estos desfiles? Además de los disfraces de La Catrina y de otras calaveras, verás mucha gente tocando música. Oirás tambores, guitarras, trompetas y mucha música folclórica tradicional mexicana llamada **mariachi**.

La Catrina es un famoso esqueleto femenino cuya imagen aparece en un mural de Ciudad de México. El mural fue pintado por uno de los artistas más populares de México, Diego Rivera.

LA MÚSICA

La música es una parte importante de muchas festividades, incluso del Día de los Muertos. La gente toca la guitarra y otros instrumentos y también canta. La animada música puede escucharse en muchos lugares, como cementerios, hogares y calles.

Algunas familias contratan bandas de mariachi para que toquen música tradicional. Los conjuntos de mariachi suelen estar formados por varios miembros que tocan distintos instrumentos. Las bandas tocan en cementerios, desfiles y otras fiestas para dar la bienvenida a los espíritus. La canción más popular que escucharás es "La Llorona", que se popularizó por primera vez en México en 1941. Otra canción que puedes escuchar es "Calaverita", que fue escrita por una banda de California en 2015. Las letras suelen centrarse en la celebración de la vida, que es de lo que tratan estos días especiales.

ALREDEDOR DEL MUNDO

E l Día de los Muertos se originó en México, pero hay celebraciones similares en otras partes del mundo. Como la gente **emigra**, se traslada de un lugar a otro del planeta, es posible que en otros países se celebren tradiciones como las de México. Al mudarse de país, las gente lleva sus tradiciones consigo.

Al igual que los españoles llevaron sus creencias del Día de Todos los Santos y el Día de los Difuntos a México, también llevaron esas creencias a otros lugares que colonizaron, como países de América Central, América del Sur, el **Caribe** y Filipinas (en Asia). Debido a esta migración y al intercambio de tradiciones, la gente de distintos lugares del mundo celebra a sus seres queridos fallecidos de formas similares.

LA CELEBRACIÓN EN MÉXICO

México es el país donde el Día de los Muertos tuvo sus orígenes y es el lugar en donde se festeja con más entusiasmo.

Todos los años se celebra en la Ciudad de México un desfile muy popular al que acuden miles de personas.

Es el mayor desfile del Día de los Muertos en el mundo. Hay carrozas coloridas, música en vivo y mucha gente con disfraces de esqueletos muy vistosos.

En Michoacán, México, hay una danza popular llamada "La danza de los viejitos". Tanto adultos como niños se disfrazan de ancianos y caminan encorvados para, de repente, saltar y ponerse a bailar.

En Oaxaca, México, se celebran unas fiestas callejeras llamadas *calendas*, en las que se ven marionetas gigantes sobre **zancos**. Además, se ven muchos puestos de pintura facial en toda la ciudad, dispuestos a pintar las caras de la gente para que parezcan calaveras.

> Muchos **turistas** van a ver las celebraciones que tienen lugar en una pequeña isla llamada Janitzio, en la parte occidental de México. Los lugareños lo celebran en el cementerio durante las dos noches.

LA CELEBRACIÓN MÁS ALLÁ DE MÉXICO

En otros países también se festejan estos dos días de manera interesante.

El 1 de noviembre, los guatemaltecos celebran el Festival de Barriletes Gigantes. Miles de personas se reúnen para hacer volar enormes cometas de colores pintadas a mano. Se cree que las cometas transmiten mensajes de ida y vuelta a los seres queridos fallecidos.

En Filipinas, las familias se reúnen con motivo del *Undás* o Día de Todos los Santos y de Todos los Difuntos. Esta celebración es similar al Día de los

Muertos, aunque no verás calaveras. Es habitual que las familias recorran largas distancias para encontrarse con parientes a los que quizá no hayan visto desde el Undás del año anterior. Las personas también preparan altares y llevan comida a los cementerios en esta importante fiesta nacional.

En España, y en la mayoría de los países de Sudamérica, es habitual celebrar el Día de Todos los Santos el 1 de noviembre, y el Día de los Difuntos el 2 de noviembre.

En algunos países, los católicos y cristianos celebran el Día de Todos los Santos como fiesta nacional. En estos días, la gente honra a los santos y asiste a la misa en la iglesia. En el Día de Todos los Santos, las familias llevan flores al cementerio y visitan las tumbas de sus seres queridos, de forma similar al *Memorial Day* en Estados Unidos.

En El Salvador, La Calabiuza, o Fiesta de los Difuntos, se celebra la noche del 1 de noviembre. La gente celebra a sus fallecidos con música y bailes en pleno centro de la ciudad.

EL RINCÓN DE LA CULTURA

El Día de los Muertos es una ocasión especial en la que la gente prepara recetas, se hacen manualidades y actividades. Prueba hacer algunas con tu familia y amigos para celebrar la festividad en tu casa.

PAPEL PICADO

El papel picado es una pancarta de papel de seda recortada con figuras de esqueletos o diseños florales; son especialmente habituales durante el Día de los Muertos. Se utiliza el papel de seda porque es ligero y puede moverse con facilidad, para que las familias sepan cuándo han llegado los espíritus. Puedes encontrar muchas plantillas en Internet para recortar las formas más fácilmente.

Tijeras

4 hojas de papel de seda de diferentes colores (1 de cada color)

Lápiz o marcador

Cuerda o lana

Cinta adhesiva transparente

1. Con las tijeras, corta cada hoja de papel de seda en un rectángulo de, aproximadamente, 23 cm por 15 cm.
2. Coloca los rectángulos sobre una superficie de trabajo limpia. Luego, dóblalos por la mitad.
3. Con un lápiz o marcador, dibuja tus diseños a lo largo de todo el espacio de cada rectángulo. Debes dejar un espacio entre cada diseño.
4. Con las tijeras, recorta cada forma que hayas dibujado. Luego, despliega los papeles para ver tus diseños.
5. Estira la lana, o la cuerda, en una línea recta. Acomoda los papeles a lo largo de la cuerda, solapando ligeramente los bordes. Luego, dóblalos sobre la cuerda y pégalos con la cinta adhesiva.
6. Para terminar, cuelga la pancarta colorida en algún lugar de tu casa o en el jardín.

PAN DE MUERTO

El pan de muerto es un pan dulce muy popular en México. Además, es la comida más habitual que encontrarás en una ofrenda durante el Día de los Muertos. Su forma redonda simboliza el ciclo de la vida, y las formas que se ven en su parte superior representan los huesos. Si preparas pan de muerto, pídele a un adulto que te ayude con el horno.

Cantidad: 1 pan
Tiempo de preparación: 1 hora y 15 minutos, además de entre 1 hora y 30 minutos y 2 horas y 30 minutos para levar
Tiempo de cocción: 40 minutos

- ¼ de taza de leche
- ¼ de taza de mantequilla fundida
- ¼ de taza de agua caliente
- 3 tazas de harina común, separadas, más un extra para espolvorear
- 1 y ¼ cucharaditas de levadura seca y activa
- ¼ taza de azúcar granulada
- 2 cucharaditas de semillas enteras de anís
- ½ cucharadita de sal
- 2 huevos grandes batidos a temperatura ambiente
- Aceite en aerosol
- 1 clara de huevo
- 1 cucharada sopera de agua
- 2 cucharadas soperas de azúcar de colores (tú eliges el color)

1. En un recipiente mediano, a fuego medio-bajo, calentar la leche y la mantequilla. Revolver ocasionalmente hasta que se derrita la mantequilla. Retira el recipiente del fuego. Añade el agua caliente y reserva.

2. En un bol grande, agrega 1 taza de harina. Añade también la levadura, el azúcar, las semillas de anís y la sal. Mezclar bien. Luego, agrega la mezcla de leche tibia (del paso 1) y los huevos. Mezclar bien. Agrega ½ taza de harina. Mezcla todo muy bien. Sigue agregando harina, ½ taza a la vez, y mezcla hasta que se una y se forme una masa blanda.

3. Saca la masa del bol y colócala sobre una superficie de trabajo limpia y ligeramente enharinada. Amasa con las manos hasta que esté suave, pero un poco pegajosa.

4. Engrasa ligeramente un recipiente grande con el aceite en aerosol. Coloca la masa en el recipiente aceitado. Cúbrelo con papel film. Aparta el bol tapado en un lugar cálido y deja que leve hasta que doble su tamaño, entre 1 y 2 horas.

5. Ligeramente, coloca aceite en aerosol en una bandeja para hornear y resérvala.

6. Una vez que la masa haya duplicado su tamaño, debes colocarla sobre una superficie ligeramente enharinada. Vuelve a amasarla durante 3 minutos.

7. Corta un trozo de masa del tamaño de tu puño. Resérvalo. Con el resto de la masa, forma una hogaza redonda y lisa. Coloca la masa en la bandeja preparada para hornear.

8. Divide la masa que reservaste en 9 bollos del mismo tamaño. Usarás estos bollos para decorar el pan. Coloca un bollo en el centro de la parte superior del pan. Acomoda el resto de los bollos en forma de X. Ahora, cubre la hogaza con un paño de cocina limpio y seco. Reserva el molde en un lugar cálido hasta que la masa haya duplicado su tamaño, unos 30 minutos.

9. Debes precalentar el horno, a 180°C, 15 minutos antes de hornear el pan.

10. En un recipiente pequeño, bate la clara de huevo con 1 cucharada sopera de agua. Con un pincel de repostería, cubre la masa con esta mezcla. Espolvorea el azúcar de colores.

11. Con cuidado, coloca el molde en el horno precalentado. Hornea el pan hasta que la parte superior esté ligeramente dorada, unos 40 minutos. Retíralo del horno. Finalmente, coloca el *pan de muerto* en una rejilla para enfriar por 10 minutos. ¡A disfrutar!

FLOR DE MUERTO

La gente cree que las flores de cempasúchil, con su color dorado y su fuerte aroma, ayudan a guiar a los espíritus de regreso a sus ofrendas o a sus tumbas en el Día de los Muertos. ¡Anímate a hacer estas flores de papel! Las puedes colocar en un florero o atarlas para formar una guirnalda.

---

1 servilleta de papel de color naranja

Tijeras

1 limpiapipas verde

1. Abre la servilleta de papel y colócala, de forma plana, sobre una superficie de trabajo limpia.
2. Con la tijera, corta por los pliegues para formar cuatro cuadrados.
3. Apila los cuadrados, uno encima del otro. Luego, dobla el borde de la pila ½ cm aproximadamente. Sigue doblando el papel como si fuera un abanico.
4. Toma uno de los extremos del limpiapipas, y enróscalo fuerte alrededor del centro del abanico para formar el tallo de la flor.
5. Con las tijeras, recorta con cuidado los bordes de cada extremo de tu abanico, para que las esquinas queden redondeadas.
6. Sujeta el abanico con el tallo hacia abajo. Luego, empezando con un lado del abanico, levanta suavemente una capa de papel. Continúa separando las tres capas de papel restantes, una a una, para formar los pétalos. Repite los pasos del otro lado de la flor.
7. Una vez que separes todas las capas, arréglalas para que parezcan una flor de cempasúchil.

3
4
5
6

CALAVERAS DE AZÚCAR Y MALVAVISCO

Durante el Día de los Muertos, las calaveritas de azúcar decoran los altares y las tumbas. Se cree que los espíritus que nos visitan se alegran de ser recibidos con una golosina azucarada. Puedes hacer tus propias calaveritas de azúcar con malvaviscos y marcadores de tinta comestible. Elige los malvaviscos que tengan una forma uniforme y lisa para obtener el mejor resultado. Coloca las calaveras de azúcar en una taza rellena de papel picado para exhibirlas ¡si no te las comes antes!

Marcadores de tinta comestible

4 malvaviscos gigantes

4 palitos de caramelo o pajitas

1. Con un marcador de tinta negra comestible, dibuja los ojos, la nariz y la boca en cada malvavisco. Utiliza los demás marcadores de tinta comestible para divertirte decorando el resto de las calaveras con diferentes diseños.
2. Cuando hayas terminado tus diseños, coloca un palito o pajita en la parte de abajo de cada malvavisco para sostenerlos.

Consejo: Puedes encontrar marcadores de tinta comestible en tiendas de manualidades y repostería.

¿QUIÉN FUI? JUEGO DE ADIVINANZA

En este divertido juego, tienes que disfrazarte y actuar como alguien que ha fallecido, mientras tus amigos y familiares deben adivinar quién eres. Puedes ser alguien famoso o algún familiar que haya fallecido. La idea es divertirse, honrando y recordando a aquellos que ya no están con nosotros.

Plantilla de calavera de azúcar

Tijeras

Crayones o marcadores

Lápiz

Cinta o cuerda

PREPARACIÓN

1. Busca en Internet e imprime una plantilla de calavera.
2. Utiliza las tijeras, con cuidado, para cortar el diseño de tu calavera.
3. Pinta la calavera con los crayones y marcadores para parecerte a la persona que honrarás. Si la persona tenía bigotes, asegúrate de dibujarlos. Si usaba lentes, dibújalos alrededor de los ojos.
4. Cuando termines, usa la punta de un lápiz para hacer dos orificios a ambos lados de la calavera, donde estarían las orejas.

continúa ➤

¿QUIÉN FUI? JUEGO DE ADIVINANZA continúa

5. Mide dos pedazos de cuerda lo suficientemente largos como para poder ajustártelos alrededor de la cabeza y utiliza el dibujo de la calavera como una máscara para cubrirte la cara. A continuación, haz un nudo en el extremo de cada cuerda y pasa el extremo sin anudar por cada orificio que hiciste en la máscara (el nudo debe impedir que la cuerda se deslice). Ahora, colócate la máscara y ajústala. Pide ayuda si la necesitas.

6. Viste ropa similar a la que habría llevado la persona o lleva algo que pueda dar una pista sobre quién era. Si se trataba de un jugador de básquetbol, utiliza una pelota. Si se trataba de un cantante, finge que tienes un micrófono.

CÓMO JUGAR

1. Con tu disfraz, actúa como la persona que has elegido frente a tu familia y amigos, ¡pero no digas su nombre!

2. Luego, debes decir "Contemos hasta tres y adivinemos de una vez".

3. Cuenta despacio hasta tres.

4. Si los participantes adivinan correctamente, puedes premiarlos con una rodaja de tu pan de muerto (ver la página 26) o con el premio que prefieras.

PONLE EL SOMBRERO A LA CALACA

Este juego es similar a "Ponle la cola al burro". Con los ojos vendados, el jugador debe girar hasta marearse. Luego, intentará encontrar la cabeza del esqueleto para colocarle el sombrero.

___

Marcadores
Cartulina blanca
Hojas de papel blanco
Tijeras
Pegamento (opcional)
Lentejuelas y pompones (opcional)
Tachuelas
Venda

PREPARACIÓN

1. Con los marcadores, dibuja un esqueleto en la cartulina blanca.
2. Dibuja un sombrero grande y colorido en una hoja de papel. Con cuidado, utiliza las tijeras para cortarlo.
3. Píntalo con los marcadores de colores. También puedes decorarlo pegándole pompones y lentejuelas.
4. Luego, coloca las tachuelas en la parte de atrás del sombrero.

CÓMO JUGAR

1. El jugador debe vendarse los ojos. A continuación, debe colocarse a un metro de distancia de la calaca.
2. Pon el sombrero en sus manos, con la parte adhesiva en dirección contraria, y dale 3 vueltas. Cuando digas «¡Ya!», el jugador tendrá que intentar colocar el sombrero en el esqueleto.

continúa ➤

PONLE EL SOMBRERO A LA CALACA   continúa

3. Mientras el jugador trata de encontrar la cabeza del esqueleto, canta esto despacio: "Tienes un sombrero, debes ponérselo al muerto. El tiempo se termina si cuentas hasta cinco. Pásale el sombrero a tu amigo. ¡1-2-3-4-5!"

4. Repítelo con cada jugador, hasta que alguien le ponga el sombrero en la cabeza al esqueleto. El ganador recibe como premio una de tus calaveras de malvavisco (ver página 30) o el premio que prefieras.

Variante: En lugar de dibujar un esqueleto en la cartulina, puedes encontrar dibujos de esqueletos en Internet, imprimirlos, recortarlos y pegarlos en la cartulina.

¡APRENDE A DECIRLO!

Estas son algunas frases comunes, en inglés y español, que las personas usan en el Día de los Muertos.

Es el Día de los Muertos.
IT'S DAY OF THE DEAD.

¡Qué rico es el pan de muerto!
THE BREAD OF THE DEAD IS VERY TASTY!

¿Me das una calaverita de azúcar?
MAY I HAVE A SUGAR SKULL CANDY?

La ofrenda es muy bonita.
THE ALTAR IS VERY BEAUTIFUL.

Mi cara está pintada como una calavera.
MY FACE IS PAINTED LIKE A SKULL.

GLOSARIO

altar: una estructura elevada, como una mesa, con objetos encima para honrar a alguien; ver *ofrenda*

ancestro: un pariente o alguien de quien desciendes

angelitos: se refiere a los espíritus de los niños que han muerto

atole: bebida caliente a base de maíz tradicional de México y América Central

calaca: esqueleto

calavera: cráneo

calaveritas de azúcar: pequeñas calaveras de azúcar utilizadas para decorar altares y, a veces, para comer

Caribe: la masa de agua entre Norteamérica y Sudamérica donde hay tiene varias islas

colonizar: cuando un país toma el control de otro

comestible: que se puede comer

corona: una corona de flores colocada en las tumbas de los seres queridos durante el Día de los Muertos

Día de los Fieles Difuntos: día en que los cristianos conmemoran a los fallecidos; se celebra el 2 de noviembre

Día de los muertos: día en memoria de los difuntos, celebrado por los cristianos el 2 de noviembre

Día de Todos los Santos: día en honor de todos los santos, celebrado por los cristianos el 1 de noviembre

emigrar: cuando una persona se traslada de una región del mundo a otra

festividades: celebraciones o fiestas

generación: personas que viven al mismo tiempo y tienen edades similares

incienso: sustancia que desprende un aroma dulce al quemarse

mariachi: grupo de músicos folclóricos mexicanos que cantan y tocan diferentes instrumentos. Mariachi es también el nombre de la música que tocan

misa: servicio religioso especial para los católicos

ofrenda: lo que se ofrece, regalo o servicio en muestra de gratitud o amor

pan de muerto: pan dulce especial con diseños en forma de hueso en la parte superior, que se disfruta principalmente durante el Día de los Muertos

papel picado: papel o tejido con diseños recortados que se utiliza como adorno en las celebraciones mexicanas

paraíso: un lugar parecido al cielo a donde van los espíritus de las personas después de morir

santo: una persona sagrada y piadosa que se preocupa mucho por los demás

símbolo: un objeto o marca que representa una idea

tamales: plato tradicional mexicano hecho de masa y cocido al vapor en una hoja de maíz, relleno de carne, queso y especias

turista: alguien que viaja por diversión

zancos: bastones que se sujetan a los pies para ser más alto al estar de pie

RECURSOS

LIBROS

Greenfield Thong, Roseanne. *Día de los Muertos.* Park Ridge, IL: Albert Whitman & Company, 2015.

Johnston, Tony y Jeanette Winter. *Day of the Dead.* Boston: HMH Books for Young Readers, 2000.

PELÍCULA

Coco: Dirigida por Adrián Molina y Lee Unkrich, Walt Disney Studios Motion Pictures, 2017.

SITIOS WEB

Páginas para colorear sobre el Día de los Muertos: BestColoring Pagesforkids.com/free-printable-day-dead-coloring-pages.html.

Día de los Muertos Flash Cards: azcentral.com/story/entertainment/holidays/day-of-the-dead/2014/09/25/dia-de-los-muertos-flash-cards/16232843.

National Geographic: "Las 10 cosas que debes saber sobre el Día de los Muertos". NationalGeographic.com/travel/destinations/north-america/mexico/top-ten-day-of-dead-mexico.

ACERCA DE LA AUTORA

Melanie Stuart-Campbell es también autora de *Alba, la perra callejera sudamericana*, *Aprende español con imágenes* y *Un cuaderno de ejercicios de español para niños*. Es escritora especialista en educación, defensora del *Kansas Migrant Education Program* (Programa de Educación para Migrantes de Kansas) y trabaja con muchas personas que celebran el Día de los Muertos. Además, da clases de español para niños a través del sitio web Outschool. Melanie ha sido profesora en Kansas, Nueva York, Ecuador y la República del Congo. Vive en Kansas con su marido y sus dos hijos, y es miembro del consejo escolar de su localidad. Puedes ver sus otros libros en su página web AlbasSpanishTales.com.

ACERCA DE LA ILUSTRADORA

La ilustradora, **Javiera Mac-lean,** ha escrito e ilustrado dos libros infantiles, *La nube en la ventana* y *Aventura plegable*, ambos publicados por Bibliográfica Internacional, así como otros libros relacionados con la psicología infantil. También ha realizado ilustraciones para empresas multinacionales y revistas de Estados Unidos, Chile y España. En 2017 estudió ilustración en la EINA School. Puedes ver su trabajo en Instagram @Javiera-Maclean.